PROSPER LEBORGNE

ÉTUDE BIOGRAPHIQUE

PAR

ARISTIDE ALBERT.

Lue à l'assemblée générale de la Société de patronage des apprentis de la ville de Grenoble, le 27 juin 1875.

GRENOBLE
TYPOGRAPHIE MAISONVILLE ET FILS,
Rue du Quai, 8.

1875

PROSPER LEBORGNE

ÉTUDE BIOGRAPHIQUE

PAR

Aristide ALBERT,

Lue à l'assemblée générale de la Société de patronage des apprentis de la ville de Grenoble, le 27 juin 1875.

Mesdames, Messieurs,

Mes honorables collègues du Comité du Patronage m'ont confié la mission d'esquisser devant vous et devant nos jeunes pupilles la biographie de notre ancien premier vice-président, M. Leborgne.

Quel que fût, pour mon insuffisance, le péril d'une tâche aussi délicate, je n'ai pas cru devoir en décliner l'honneur, comptant quelque peu que mon bon vouloir me serait un titre à votre indulgence.

L'un de nos grands écrivains, Labruyère, a dit quelque part : *Amas d'épithètes, mauvaises louanges : ce sont les faits qui louent.*

Je mettrai à profit le sage précepte contenu en cette réflexion. Ma parole sera simplement narrative, bien convaincu que les faits et les actions que je porterai à votre connaissance, constitueront avec plus d'autorité et mieux que toutes les formules du panégyrique, l'éloge de M. Leborgne.

Né le 30 janvier 1798, Prosper Leborgne fit ses études au lycée de Grenoble. Dans les jours néfastes de l'invasion de 1815, le lycéen adolescent fit acte de viril patriotisme. Dans la journée mémorable du 6 juillet où les Grenoblois repoussèrent avec bravoure l'assaut des troupes austro-sardes, il prit, avec ses compagnons d'études, une part active au saint combat de la défense du foyer.

Ses études universitaires terminées, M. Leborgne fut associé au commerce de son père, Gaspard Leborgne, qui dirigeait avec succès une entreprise de roulage établie sur de larges bases. Il contracta dès lors et garda jusqu'à son dernier jour ces fortes habitudes de travail qui rendirent possibles, durant tout le cours de sa vie, deux labeurs parallèles, celui du commerçant, de l'industriel, et celui du citoyen toujours en souci de la chose publique.

M. Leborgne se maria jeune. C'est le fait de presque tous les hommes de travail obstiné. Dans les joies de la famille, dans l'incessante méditation des devoirs qui sont *le corollaire de la charge d'âmes* librement assumée, ils trouvent l'affermissement des louables résolutions, ils puisent de singulières forces pour le bien et s'assurent la dignité du caractère.

A ces sources pures se trempent solidement pour le *combat de la vie* les bonnes armures.

M. Leborgne ne tarda pas à élargir dans de vastes proportions le cercle de ses opérations commerciales.

A côté de son industrie du roulage, il établit un service de messageries de Grenoble à Lyon et à Chambéry, service qui porta plus tard le nom de *Messageries générales*, et fit sur ces deux voies une rude concurrence aux *Messageries royales*.

Le premier, M. Leborgne, introduisit à Grenoble la fabrication des chapeaux de paille, industrie toujours florissante et depuis longtemps déjà remise aux mains de l'un de ses fils, M. Félix Leborgne.

Enfin, il acquit et il exploita les forges et le haut-fourneau de Saint-Hugon (Savoie), considérable entreprise dont la direction constituait une tâche hérissée de difficultés. Cette opération, par les procès imprévus qui en entravèrent la marche, procès éternisés par les interminables incidents du formalisme de l'ancienne législation de la Savoie, par l'abrogation des lois protectionnistes depuis l'annexion, par l'absence de *l'œil du maître*, devint pour M. Leborgne, malgré les intelligents efforts de son fils aîné, M. Émile Leborgne, le permanent objet de bien soucieuses préoccupations. Ce fut un gouffre qui, le plus souvent, absorba les produits des autres branches de commerce et d'industrie qui étaient, sous son habile main, d'un fructueux rendement.

Les élections de juillet 1837 appelèrent M. Leborgne au Conseil municipal de Grenoble. Il y siégea sans interruption jusqu'à la fin de 1851.

Les procès-verbaux des délibérations du Conseil témoignent de l'active coopération de M. Leborgne à l'élaboration des travaux publics accomplis durant cette période de temps qui ouvre l'ère de la brillante transformation de notre cité. L'élargissement de son enceinte, des percements de rues, l'établissement de places spacieuses, de squares élégants, de superbes quais, la construction de monuments publics, travaux projetés ou entrepris dès cette époque et parachevés depuis, ont fait de Grenoble l'une des plus jolies villes de la France.

En 1865, M. Leborgne rentra au conseil municipal, et en 1870, il fit partie de la Commission municipale. Dans ces assemblées, il fit preuve plus que jamais d'intelligent patriotisme et de cette modération qui est l'inséparable compagne de l'équité. Il y prodigua les trésors d'une expérience mûrie par les années, par une longue gestion de considérables intérêts publics et privés.

En 1848, M. Leborgne fit partie de la Commission qui, pendant plusieurs mois, administra le département de l'Isère. Suivant la déclaration spontanée et remplie d'honorable franchise de ses collègues, il accomplit à peu près seul l'écrasant travail de la Préfecture durant cette période de temps. « Il ne nous laissait rien à faire » disaient ses collègues. Ajoutons qu'il a été rendu à cette occasion par tous les partis, un sincère hommage à M. Leborgne pour son esprit de justice, pour son intelligence souple et sagace qui s'élevait sans apparents efforts à la hauteur de tous les objets d'étude, et, disons-le aussi, pour l'exquise urbanité de ses manières.

En quittant ces temporaires fonctions, M. Leborgne marqua la pensée de désintéressement qui avait présidé à leur acceptation, en abandonnant aux *Établisse-*

ments de bienfaisance de la ville le traitement qui y était attaché.

Parallèlement à ces travaux qui semblaient devoir suffire à l'emploi des facultés d'un homme laborieux, M. Leborgne faisait face à bien d'autres occupations. Il siégeait au tribunal de commerce où la rectitude de son jugement, sa connaissance des faits et des usages commerciaux apportaient de précieuses garanties de bonne justice ; il était membre du conseil d'administration de la Société d'*extinction de la mendicité*, de celui de l'*Association alimentaire*. Il avait la direction de la Caisse d'épargne, et enfin il était le premier vice-président, il était l'âme de cette féconde institution, la Société de patronage des apprentis.

Cet homme supérieur donnait ainsi la démonstration que rien n'est au-dessus des efforts de la volonté lorsque ses énergies sont sans cesse avivées par l'inépuisable sève du sentiment du devoir.

Il faut prendre au pied de la lettre cette assurance que chacune de ces fonctions était exercée avec une scrupuleuse ponctualité. M. Leborgne assistait à toutes les réunions des comités, toujours préparé à la discussion des questions à l'ordre du jour, apportant dans les délibérations documents utiles et renseignements précieux.

Indiquons, en traits rapides, les traces de sa présence à la Caisse d'épargne. Il fit partie du conseil d'administration de cette utile institution depuis sa création. Ce fut lui qui présida à son installation dans les locaux qu'elle occupe aujourd'hui. Il combina et fit exécuter tous les détails d'une appropriation toute spéciale. Sur sa proposition, le nombre des administrateurs de la Caisse fut doublé, afin que fût assurée la surveillance des opérations durant toutes les heures d'ouverture de la Caisse au public. Il fut, enfin, à plusieurs reprises, l'élaborateur de rapports très-complets, très-lucides sur les opérations et la situation de la Caisse de Grenoble et des succursales de l'arrondissement. M. Leborgne était, au jour de son décès, le directeur de la Caisse d'épargne.

Dans ces dernières années, subissant, dans une certaine mesure, les empêchements que la vieillesse apporte fatalement dans le champ de l'activité humaine, M. Leborgne avait dû restreindre le cercle de sa participation aux œuvres philanthropiques de la cité. Il s'était retiré du comité directeur de l'*Association alimentaire*. Quant à ses fonctions dans la commission de l'*extinction de la mendicité*, il avait pu s'en affranchir sans, en quelque sorte, les délaisser, par la délégation qu'il en avait faite à son fils, M. Félix Leborgne.

M. Leborgne voulait réserver toute l'activité de sa verte vieillesse pour l'œuvre de dévouement de sa prédilection : le patronage des apprentis de la ville.

Un des grands penseurs de ce siècle, Jean Reynaud, a écrit sur Grenoble, à propos de ses institutions philanthropiques, les lignes suivantes :

« Pendant longtemps on s'est émerveillé de la
« nature physique du Dauphiné. Depuis que le goût
« des sciences est devenu vulgaire, il s'est publié une
« quantité d'ouvrages sur les curiosités naturelles de
« cette contrée si bien douée ; mais je crois qu'en y
« regardant de près, on trouverait qu'il n'y a pas

« moins à admirer en Dauphiné dans toutes sortes
« d'institutions fort modestes et peu éclatantes que le
« mouvement des mœurs y a fait naître. Pour ceux
« qui estiment que les hommes sont un sujet d'étude
« dont l'intérêt vaut bien celui des minéraux et des
« plantes, il n'y a guère de pays, en effet, où l'on
« puisse espérer meilleure récolte, et je suis persuadé
« qu'au point de vue moral, un journal de voyage s'y
« enrichirait tout autant qu'au point de vue de la
« minéralogie ou de la botanique. »

C'est sur ce terrain si bien préparé pour toutes les tentatives d'extirpation contre ces deux redoutables ennemies de toutes les sociétés humaines, l'ignorance et la misère, que s'organisait la Société du Patronage des apprentis à l'époque même où Jean Reynaud venait s'asseoir un jour à la table de l'*Association alimentaire*, visitait la fabrique de Renage, se faisait raconter par Frédéric Farconet l'histoire de la bienfaisance mutuelle dans le Dauphiné et exprimait devant ses amis de Grenoble, avant de la consigner dans ses écrits, sa vive admiration pour les institutions franchement et noblement fraternelles dues à l'expansion, sur ce sol privilégié, d'un sentiment très-élevé de la charité.

Expérimenté depuis quelques années à Grenoble par l'action isolée de quelques citoyens généreux, le Patronage des apprentis parut être à de bons esprits un puissant moyen de venir en aide à la pauvreté, de supprimer, à bien des foyers, la cause première de la misère, en donnant le métier et les instruments du travail à de jeunes générations vouées peut-être, par défaut d'appui, aux tristes antécédents de détresse et d'oisiveté de leur famille.

En 1851, un homme intelligent et plein de cœur, Hipolyte Bouvier, demanda au Conseil municipal, dont il faisait partie, appui et réglementation pour le Patronage.

Cette proposition reçut le meilleur accueil au sein du Conseil. Le Patronage avait déjà fait ses preuves.

Une commission fut nommée pour procéder à l'organisation de la Société. Elle se composait de MM. Arnaud, Barault, Bernard, Bouvier, Galliard, Girard, Navizet et Taulier.

Cette commission accomplit sa tâche. Hipolyte Bouvier qui avait été l'âme de ses travaux, en fut le rapporteur.

La Société fut instituée par délibération du 5 juillet 1851. Les statuts furent établis et approuvés et l'œuvre fut immédiatement subventionnée par la ville.

Ainsi, c'est au milieu des administrateurs de la cité que fut le berceau de la Société, et, disons-le tout de suite, sa filiation municipale n'a pas été l'une des moindres causes de la régularité de son fonctionnement et de son extension rapide.

Le libéral appui de la ville jamais n'a fait défaut à la Société. MM. Frédéric Taulier, Joseph Arnaud, Crozet, successivement maires de la ville, ont entouré l'œuvre, à ses débuts, de leur cordiale et efficace sollicitude. Leurs successeurs ont continué ces traditions, et la présidence de cette assemblée par M. le colonel Félix Breton, le premier magistrat de la cité, est un nouveau et précieux gage du bienveillant intérêt avec lequel l'administration municipale suit et encourage notre œuvre de dévouement.

Dès la première composition du comité directeur de la Société, M. Leborgne en fut nommé l'un des vice-présidents, la présidence demeurant dévolue de droit au premier magistrat de la cité.

Dès cette année 1852, notre vice-président, qui a gardé jusqu'à son dernier jour la haute direction de la Société, commença le cours de cette quotidienne surveillance de tous les détails, de tous les mouvements de l'œuvre, constant promoteur des mesures utiles, des innovations heureuses, des réformes jugées nécessaires.

Cette mission, qu'il s'était donnée dans la ferveur du sentiment le meilleur de l'amour du prochain, il l'a remplie avec une vigilance et un esprit de suite admirables. Il eut, il est vrai, des collaborateurs pleins de zèle. Je blesserais, en citant des noms, bien des modesties. Qu'il me soit permis cependant de rappeler, outre Hippolyte Bouvier, que M. Leborgne nommait lui-même le *créateur du Patronage*, le nom d'Augustin Thevenet, dont tant d'estime entoure la mémoire, et celui de M. Barault, l'homme qui a marqué chaque jour de son existence par une bonne action, et qui est le seul à ignorer tout ce que son ineffable amour pour les pauvres lui a acquis de vénération et de profonde sympathie dans sa ville natale.

Mais quels qu'aient été le zèle et la bonne volonté des membres du Comité, aucun ne rendit à l'œuvre du Patronage d'aussi éclatants services que M. Leborgne.

Il recevait et instruisait le plus souvent, avant de les soumettre à enquête, les demandes d'admission au

Patronage, s'assurait de la réalité des conditions d'admissibilité, veillant, quant à ce, à la stricte observation du règlement ; il s'enquérait des maîtres d'apprentissage les plus habiles, les plus sympathiques à notre société, pour y placer nos jeunes pupilles. Au cours de l'apprentissage, il surveillait tous les apprentis, suppléant à l'action quelquefois insuffisante des patrons ; il louait l'un, gourmandait l'autre, donnait l'encouragement à tous, portait dans les familles des apprentis des recommandations utiles ; constatait les besoins et disait la mesure dans laquelle il devait leur être donné satisfaction Il inspectait aussi avec soin et très-fréquemment nos écoles.

Dans le sein du comité, M. Leborgne prenait le souci et le soin de la correspondance ; il provoquait avec la plus engageante amabilité les souscriptions, dons, les legs en faveur de l'œuvre. Il préparait, de concert avec notre excellent secrétaire-comptable M. Etienne Gaillard, son fidèle collaborateur, les éléments du budget de la société.

M. Leborgne veillait aussi aux détails de ces petites expositions qui lui procuraient le vif plaisir de signaler aux yeux de tous les progrès accomplis dans leur art par nos jeunes apprentis.

Elles sont aussi dans vos souvenirs, Mesdames et Messieurs, ces exhortations touchantes, si pleines de bon sens et de cœur, dans lesquelles il conviait à bien faire, à mieux faire, ceux qu'il appelait ses enfants, pour lesquels il avait en vérité les soins et l'affection d'un père.

Telle a été au sein du patronage l'action de notre

premier vice-président, enlevé par une mort rapide (1) à la tendresse de ses fils, à ses amis, à ses chers pupilles du patronage, ravi à l'œuvre de bien que, malgré les ans, il accomplissait pleinement et d'une si merveilleuse puissance de volonté.

La presse locale tout entière, interprète du sentiment public, a décerné à la mémoire de M. Leborgne le tribut le plus mérité de louanges et de regrets.

MESDAMES, MESSIEURS,

Qu'il me soit permis, en finissant, de vous redire les termes de l'adieu suprême adressé par notre vice-président, M. Juvin, sur la tombe de M. Leborgne ; ils résument ses titres à l'obtention d'une place honorable dans la *Biographie du Dauphiné* :

« Une existence si bien remplie, ennoblie par le tra-
« vail, par la culture de tout ce qui est du domaine de
« l'intelligence, par le dévouement le plus chaleureux
« et le plus désintéressé, doit être pour nous tous une
« éloquente exhortation à marcher dans la même voie.
« Puisse un semblable exemple rester à tout jamais
« gravé dans notre souvenir. Puisse surtout une vie
« pareille impressionner profondément ces jeunes pa-
« tronnés qu'il appelait toujours ses enfants et qui ne
« sauraient donner à la mémoire vénérée de l'homme
« d'élite qui n'est plus, un meilleur témoignage de re-
« connaissance qu'en suivant pieusement ses traces et
« ses conseils. »

---

(1) M. Leborgne est décédé le 18 janvier 1875.

49700. — Grenoble, typ. et lith. Maisonville et fils.

www.ingramcontent.com/pod-product-compliance
Lightning Source LLC
Chambersburg PA
CBHW060450050426
42451CB00014B/3251